INTRODUCCIÓN

La programación en Python es una de las habilidades más valiosas que cualquier persona puede adquirir en la era digital. Con una sintaxis clara y legible, Python se ha convertido en el lenguaje de elección para programadores principiantes y expertos por igual. Su versatilidad y facilidad de uso lo han hecho omnipresente en una amplia variedad de aplicaciones, desde el desarrollo web hasta la inteligencia artificial y la ciencia de datos.

Este libro está diseñado para llevarlo en un emocionante viaje a través de los conceptos básicos de Python, desde cero hasta un nivel en el que se sentirá cómodo resolviendo problemas de programación de nivel básico. Ya sea que sea un principiante completo o alguien que busca consolidar sus fundamentos, este libro tiene algo para usted.

Nuestro enfoque se basa en la práctica activa. A medida que avance en este libro, no solo aprenderá los conceptos teóricos de Python, sino que también aplicará esos conocimientos a través de una serie de ejercicios cuidadosamente diseñados. Cada ejercicio está diseñado para desafiarte, pero al mismo tiempo para proporcionarte una comprensión sólida y gradual de Python.

CONTENIDO

Ejercicios de Entrada de Datos

En estos ejercicios, el programa solicita al usuario que ingrese su nombre utilizando la función `input()`. Luego, toma ese nombre ingresado y lo muestra en un mensaje de saludo personalizado utilizando la función `print()`. Este ejercicio es una introducción simple a la entrada de datos y la impresión de mensajes en Python.

Ejercicio 1: Calculadora de Índice de Masa Corporal (IMC)

Descripción: Crea un programa que calcule el IMC de una persona a partir de su peso en kilogramos y su altura en metros. Luego, muestra una categoría de IMC (bajo peso, peso normal, sobrepeso, etc.).

Solución:

```python
peso = float(input("Ingresa tu peso en kilogramos: "))
altura = float(input("Ingresa tu altura en metros: "))

imc = peso / (altura ** 2)

if imc < 18.5:
```

```python
        categoria = "Bajo peso"
elif imc < 24.9:
        categoria = "Peso normal"
elif imc < 29.9:
        categoria = "Sobrepeso"
else:
        categoria = "Obesidad"


print("Tu IMC es:", imc)
print("Categoría de IMC:", categoria)
```

Ejercicio 2: Conversión de Temperaturas

Descripción: Escribe un programa que permita al usuario convertir una temperatura de grados Celsius a grados Fahrenheit o viceversa.

Solución:

```python
temperatura = float(input("Ingresa la temperatura: "))
unidad = input("¿En qué unidad (C/F)? ")


if unidad == "C" or unidad == "c":
```

```python
    fahrenheit = (temperatura * 9/5) + 32
    print("La temperatura en Fahrenheit es:", fahrenheit)
elif unidad == "F" or unidad == "f":
    celsius = (temperatura - 32) * 5/9
    print("La temperatura en Celsius es:", celsius)
else:
    print("Unidad no válida. Ingresa 'C' o 'F'.")
```

Ejercicio 3: Registro de Contactos

Descripción: Crea un programa que permita al usuario registrar contactos con nombre, número de teléfono y correo electrónico. Luego, permite al usuario buscar y mostrar la información de un contacto por nombre.

Solución:

```python
contactos = {}

def agregar_contacto():
    nombre = input("Nombre: ")
    telefono = input("Teléfono: ")
    correo = input("Correo electrónico: ")
    contactos[nombre] = {"Teléfono": telefono, "Correo": correo}
    print("Contacto agregado.")
```

```python
def buscar_contacto():
    nombre = input("Buscar contacto por nombre: ")
    if nombre in contactos:
        print("Información del contacto:")
        print("Nombre:", nombre)
        print("Teléfono:", contactos[nombre]["Teléfono"])
        print("Correo electrónico:", contactos[nombre]["Correo"])
    else:
        print("Contacto no encontrado.")


while True:
    print("\nOpciones:")
    print("1. Agregar contacto")
    print("2. Buscar contacto")
    print("3. Salir")

    opcion = input("Selecciona una opción: ")

    if opcion == "1":
        agregar_contacto()
    elif opcion == "2":
        buscar_contacto()
    elif opcion == "3":
        break
    else:
        print("Opción no válida.")
```

Ejercicio 4: Calculadora de Calificaciones

Descripción: Desarrolla un programa que permita al usuario ingresar calificaciones de alumnos y calcular el promedio de calificaciones.

Solución:

```python
def calcular_promedio(calificaciones):
    total = sum(calificaciones)
    promedio = total / len(calificaciones)
    return promedio


calificaciones = []

while True:
    calificacion = float(input("Ingresa una calificación (-1 para terminar): "))
    if calificacion == -1:
        break
    calificaciones.append(calificacion)

if calificaciones:
    promedio = calcular_promedio(calificaciones)
    print("El promedio de calificaciones es:", promedio)
else:
    print("No se ingresaron calificaciones.")
```

Ejercicio 5: Gestión de Tareas Pendientes

Descripción: Crea un programa que permita al usuario llevar un registro de tareas pendientes. El usuario debe poder agregar tareas, marcar tareas como completadas y ver la lista de tareas pendientes.

Solución:

```python
tareas = []

def agregar_tarea():
    tarea = input("Ingresa una nueva tarea: ")
    tareas.append({"Tarea": tarea, "Completada": False})
    print("Tarea agregada.")

def mostrar_tareas():
    if not tareas:
        print("No hay tareas pendientes.")
    else:
        print("Tareas pendientes:")
        for i, tarea in enumerate(tareas, 1):
            estado = "Completada" if tarea["Completada"] else "Pendiente"
            print(f"{i}. {tarea['Tarea']} ({estado})")

def marcar_completada():
    mostrar_tareas()
    numero_tarea = int(input("Ingresa el número de tarea completada: "))
    if 1 <= numero_tarea <= len(tareas):
        tareas[numero_tarea - 1]["Completada"] = True
        print("Tarea marcada como completada.")
    else:
        print("Número de tarea no válido.")

while True:
```

```python
print("\nOpciones:")
print("1. Agregar tarea")
print("2. Marcar tarea como completada")
print("3. Ver tareas pendientes")
print("4. Salir")

opcion = input("Selecciona una opción: ")

if opcion == "1":
    agregar_tarea()
elif opcion == "2":
    marcar_completada()
elif opcion == "3":
    mostrar_tareas()
elif opcion == "4":
    break
else:
    print("Opción no válida.")
```

Ejercicio 6: Conversión de Unidades

Descripción: Escribe un programa que convierta una medida de longitud de una unidad a otra (por ejemplo, de metros a pies o de kilómetros a millas). El usuario debe ingresar la medida y las unidades de origen y destino.

Solución:

```python
def convertir_longitud(valor, unidad_origen, unidad_destino):
    if unidad_origen == "metros" and unidad_destino == "pies":
        return valor * 3.281  # 1 metro = 3.281 pies
    elif unidad_origen == "kilometros" and unidad_destino == "millas":
        return valor * 0.621  # 1 kilómetro = 0.621 millas
    else:
        return None


print("Conversor de Longitud")
valor = float(input("Ingresa el valor: "))
unidad_origen = input("Ingresa la unidad de origen (metros/kilometros): ")
unidad_destino = input("Ingresa la unidad de destino (pies/millas): ")


resultado = convertir_longitud(valor, unidad_origen, unidad_destino)
if resultado is not None:
    print(f"{valor} {unidad_origen} es igual a {resultado} {unidad_destino}")
else:
    print("Conversión no válida.")
```

Ejercicio 7: Calculadora de Hipoteca

Descripción: Crea un programa que ayude al usuario a calcular los pagos mensuales de una hipoteca. Solicita el monto del préstamo, la tasa de interés anual y el plazo del préstamo en años.

Solución:

```python
def calcular_pago_mensual(monto_prestamo, tasa_interes, plazo_anios):
    tasa_interes_mensual = (tasa_interes / 100) / 12
    num_pagos = plazo_anios * 12
    pago_mensual = (monto_prestamo * tasa_interes_mensual) / (1 - (1 +
tasa_interes_mensual) ** -num_pagos)
    return pago_mensual

monto_prestamo = float(input("Monto del préstamo: "))
tasa_interes = float(input("Tasa de interés anual (%): "))
plazo_anios = int(input("Plazo del préstamo (años): "))

pago_mensual = calcular_pago_mensual(monto_prestamo, tasa_interes,
plazo_anios)
print("Pago mensual estimado:", round(pago_mensual, 2))
```

Ejercicio 8: Calculadora de Descuento en Compras

Descripción: Escribe un programa que permita a un usuario calcular el precio final de un producto después de aplicarle un descuento (porcentaje ingresado por el usuario).

Solución:

```python
precio_original = float(input("Precio original del producto: "))
porcentaje_descuento = float(input("Porcentaje de descuento: "))

precio_descuento = precio_original - (precio_original * (porcentaje_descuento / 100))
print("Precio después del descuento:", precio_descuento)
```

Ejercicio 9: Registro de Inventario

Descripción: Desarrolla un programa que permita llevar un registro de inventario. El programa debe permitir agregar productos con sus nombres y cantidades, actualizar las cantidades y mostrar el inventario actual.

Solución:

```python
inventario = {}

def agregar_producto():
    producto = input("Nombre del producto: ")
    cantidad = int(input("Cantidad: "))
    inventario[producto] = cantidad
    print("Producto agregado al inventario.")

def actualizar_cantidad():
    producto = input("Nombre del producto para actualizar: ")
    if producto in inventario:
        nueva_cantidad = int(input("Nueva cantidad: "))
        inventario[producto] = nueva_cantidad
        print("Cantidad actualizada.")
    else:
        print("Producto no encontrado en el inventario.")

def mostrar_inventario():
    print("Inventario actual:")
    for producto, cantidad in inventario.items():
        print(f"{producto}: {cantidad}")

while True:
    print("\nOpciones:")
    print("1. Agregar producto al inventario")
    print("2. Actualizar cantidad de un producto")
    print("3. Mostrar inventario")
    print("4. Salir")

    opcion = input("Selecciona una opción: ")

    if opcion == "1":
        agregar_producto()
```

```
    elif opcion == "2":
        actualizar_cantidad()
    elif opcion == "3":
        mostrar_inventario()
    elif opcion == "4":
        break
    else:
        print("Opción no válida.")
```

Ejercicio 10: Calculadora de Consumo de Energía

Descripción: Crea un programa que permita a un usuario calcular el costo de energía eléctrica mensual. Solicita el consumo en kilovatios-hora (kWh) y el costo por kWh.

Solución:

```
consumo_kwh = float(input("Consumo mensual en kilovatios-hora (kWh): "))
costo_por_kwh = float(input("Costo por kilovatio-hora (kWh): "))


costo_total = consumo_kwh * costo_por_kwh
print("Costo total de energía eléctrica:", costo_total)
```

Ejercicios de Cadena

En estos ejercicios, el programa utiliza la función `len()` para contar la cantidad de caracteres en la cadena de texto ingresada por el usuario. Luego, muestra el resultado. Este ejercicio es una introducción simple al manejo básico de cadenas en Python y cómo se puede calcular la longitud de una cadena.

Ejercicio 1: Validación de Contraseña

Descripción: Desarrolla un programa que verifique si una contraseña cumple con ciertos criterios, como tener al menos 8 caracteres, contener letras mayúsculas y minúsculas, y al menos un número.

Solución:

```python
import re

contrasena = input("Ingresa una contraseña: ")

if len(contrasena) >= 8 and re.search(r'[a-z]', contrasena) and
re.search(r'[A-Z]', contrasena) and re.search(r'[0-9]', contrasena):
    print("Contraseña válida.")
else:
    print("La contraseña no cumple con los criterios.")
```

Ejercicio 2: Generador de Contraseñas

Descripción: Crea un programa que genere contraseñas seguras de forma aleatoria. El usuario debe poder especificar la longitud de la contraseña.

Solución:

```python
import random
import string

longitud = int(input("Longitud de la contraseña: "))
caracteres = string.ascii_letters + string.digits + string.punctuation
contrasena = ''.join(random.choice(caracteres) for _ in range(longitud))
print("Contraseña generada:", contrasena)
```

Ejercicio 3: Validación de Correo Electrónico

Descripción: Crea un programa que verifique si una cadena de texto ingresada por el usuario es una dirección de correo electrónico válida.

Solución:

```python
import re

correo = input("Ingresa una dirección de correo electrónico: ")

if re.match(r'^[a-zA-Z0-9._%+-]+@[a-zA-Z0-9.-]+\.[a-zA-Z]{2,}$', correo):
    print("Correo electrónico válido.")
else:
    print("Correo electrónico no válido.")
```

Ejercicio 4: Sustitución de Palabras

Descripción: Escribe un programa que reemplace todas las ocurrencias de una palabra específica en una cadena de texto ingresada por el usuario con otra palabra.

Solución:

```python
cadena = input("Ingresa una frase o párrafo: ")
palabra_a_reemplazar = input("Palabra a reemplazar: ")
nueva_palabra = input("Nueva palabra: ")

cadena_modificada = cadena.replace(palabra_a_reemplazar, nueva_palabra)
print("Cadena modificada:", cadena_modificada)
```

Ejercicio 5: Anagramas

Descripción: Desarrolla un programa que determine si dos palabras ingresadas por el usuario son anagramas (contienen las mismas letras en el mismo número, pero en un orden diferente).

Solución:

```
palabra1 = input("Ingresa la primera palabra: ")
palabra2 = input("Ingresa la segunda palabra: ")

if sorted(palabra1) == sorted(palabra2):
    print("Las palabras son anagramas.")
else:
    print("Las palabras no son anagramas.")
```

Ejercicio 6: Encriptación César

Descripción: Crea un programa que permita al usuario encriptar una cadena de texto usando el cifrado César. El usuario debe ingresar un desplazamiento y el programa debe cambiar cada letra por la letra que se encuentra a cierta cantidad de posiciones en el alfabeto.

Solución:

```python
def cifrado_cesar(texto, desplazamiento):
    resultado = ""
    for letra in texto:
        if letra.isalpha():
            mayuscula = letra.isupper()
            letra = letra.lower()
            codigo = ord(letra) - ord('a')
            codigo = (codigo + desplazamiento) % 26
            nueva_letra = chr(codigo + ord('a'))
            if mayuscula:
                nueva_letra = nueva_letra.upper()
            resultado += nueva_letra
        else:
            resultado += letra
    return resultado

texto = input("Ingresa el texto a encriptar: ")
desplazamiento = int(input("Ingresa el desplazamiento: "))
texto_encriptado = cifrado_cesar(texto, desplazamiento)
print("Texto encriptado:", texto_encriptado)
```

Ejercicio 7: Formateo de Nombres

Descripción: Crea un programa que tome un nombre completo ingresado por el usuario y lo formatee en el formato "Apellido, Nombre".

Solución:

```python
def formatear_nombre(nombre):
    nombres = nombre.split()
    if len(nombres) > 1:
        apellido = nombres[-1]
        nombres = nombres[:-1]
        nombre_formateado = apellido + ", " + " ".join(nombres)
        return nombre_formateado
    else:
        return nombre

nombre_completo = input("Ingresa un nombre completo: ")
nombre_formateado = formatear_nombre(nombre_completo)
print("Nombre formateado:", nombre_formateado)
```

Ejercicio 8: Traductor de Pig Latin

Descripción: Desarrolla un programa que traduzca una frase ingresada por el usuario al idioma Pig Latin. En Pig Latin, las palabras se modifican moviendo la primera letra al final y agregando "ay" (por ejemplo, "hello" se convierte en "ellohay").

Solución:

```python
def traducir_pig_latin(frase):
    palabras = frase.split()
    pig_latin = []
    for palabra in palabras:
        if palabra[0].isalpha():
            primera_letra = palabra[0]
            resto_palabra = palabra[1:]
            palabra_traducida = resto_palabra + primera_letra + "ay"
            pig_latin.append(palabra_traducida)
        else:
            pig_latin.append(palabra)
    return " ".join(pig_latin)

frase = input("Ingresa una frase para traducir a Pig Latin: ")
frase_traducida = traducir_pig_latin(frase)
print("Frase en Pig Latin:", frase_traducida)
```

Ejercicio 9: Comprobación de Palabra Clave

Descripción: Crea un programa que verifique si una contraseña ingresada por el usuario cumple con ciertos requisitos, como tener al menos 8 caracteres, contener al menos una letra mayúscula y un número.

Solución:

```python
def es_contrasena_segura(contrasena):
    if len(contrasena) < 8:
        return False
    tiene_mayuscula = any(letra.isupper() for letra in contrasena)
    tiene_numero = any(letra.isdigit() for letra in contrasena)
    return tiene_mayuscula and tiene_numero


contrasena = input("Ingresa una contraseña: ")
if es_contrasena_segura(contrasena):
    print("Contraseña segura.")
else:
    print("La contraseña no cumple con los requisitos de seguridad.")
```

Ejercicio 10: Generador de Contraseñas Aleatorias

Descripción: Crea un programa que genere una contraseña aleatoria de cierta longitud ingresada por el usuario, utilizando letras mayúsculas, minúsculas y números.

Solución:

```python
import random
import string


def generar_contrasena(longitud):
    caracteres = string.ascii_letters + string.digits
    contrasena = ''.join(random.choice(caracteres) for _ in range(longitud))
    return contrasena


longitud = int(input("Ingresa la longitud de la contraseña: "))
contrasena_generada = generar_contrasena(longitud)
print("Contraseña generada:", contrasena_generada)
```

Ejercicios de Condicionales

Ejercicio 1: Calculadora de Impuestos

Descripción: Crea un programa que calcule el impuesto sobre la renta (ISR) de una persona a partir de su salario anual. Aplica diferentes tasas de impuestos según rangos de ingresos.

Solución:

```python
def calcular_isr(salario_anual):
    if salario_anual <= 10000:
        isr = salario_anual * 0.05
    elif salario_anual <= 50000:
        isr = salario_anual * 0.10
    else:
        isr = salario_anual * 0.20
    return isr

salario = float(input("Ingresa tu salario anual: "))
impuesto = calcular_isr(salario)
print("Impuesto sobre la renta (ISR):", impuesto)
```

Ejercicio 2: Determinar Día de la Semana

Descripción: Escribe un programa que determine el día de la semana correspondiente a una fecha ingresada por el usuario (día, mes, año).

Solución:

```python
import datetime

def obtener_dia_semana(dia, mes, anio):
    fecha = datetime.date(anio, mes, dia)
    dia_semana = fecha.strftime("%A")
    return dia_semana


dia = int(input("Ingresa el día: "))
mes = int(input("Ingresa el mes: "))
anio = int(input("Ingresa el año: "))


dia_semana = obtener_dia_semana(dia, mes, anio)
print("El día de la semana es:", dia_semana)
```

Ejercicio 3: Validación de Contraseña

Descripción: Crea un programa que valide una contraseña ingresada por el usuario. La contraseña debe tener al menos 8 caracteres y contener al menos una letra mayúscula, una letra minúscula y un número.

Solución:

```python
def validar_contrasena(contrasena):
    if len(contrasena) < 8:
        return False
    tiene_mayuscula = any(letra.isupper() for letra in contrasena)
    tiene_minuscula = any(letra.islower() for letra in contrasena)
    tiene_numero = any(letra.isdigit() for letra in contrasena)
    return tiene_mayuscula and tiene_minuscula and tiene_numero

contrasena = input("Ingresa una contraseña: ")
if validar_contrasena(contrasena):
    print("Contraseña válida.")
else:
    print("La contraseña no cumple con los requisitos.")
```

Ejercicio 4: Determinar Mayor de Edad

Descripción: Desarrolla un programa que determine si una persona es mayor de edad a partir de su fecha de nacimiento.

Solución:

```python
import datetime

def es_mayor_de_edad(fecha_nacimiento):
    hoy = datetime.date.today()
    edad = hoy.year - fecha_nacimiento.year - ((hoy.month, hoy.day) <
(fecha_nacimiento.month, fecha_nacimiento.day))
    return edad >= 18

anio = int(input("Ingresa el año de nacimiento: "))
mes = int(input("Ingresa el mes de nacimiento: "))
dia = int(input("Ingresa el día de nacimiento: "))

fecha_nacimiento = datetime.date(anio, mes, dia)
if es_mayor_de_edad(fecha_nacimiento):
    print("Eres mayor de edad.")
else:
    print("Eres menor de edad.")
```

Ejercicio 5: Calculadora de Préstamos

Descripción: Crea un programa que determine si una persona es elegible para un préstamo bancario según su salario y puntaje crediticio. Si cumple con los requisitos, calcula el monto máximo del préstamo que puede obtener.

Solución:

```python
def calcular_monto_prestamo(salario, puntaje_crediticio):
    if salario >= 30000 and puntaje_crediticio >= 700:
        monto_maximo = salario * 5
    elif salario >= 20000 and puntaje_crediticio >= 650:
        monto_maximo = salario * 3
    else:
        monto_maximo = 0
    return monto_maximo

salario = float(input("Ingresa tu salario anual: "))
puntaje_crediticio = int(input("Ingresa tu puntaje crediticio: "))

monto_prestamo = calcular_monto_prestamo(salario, puntaje_crediticio)
if monto_prestamo > 0:
    print("Eres elegible para un préstamo de hasta $", monto_prestamo)
else:
    print("No eres elegible para un préstamo en este momento.")
```

Ejercicio 6: Comprobación de Aprobación

Descripción: Desarrolla un programa que determine si un estudiante aprueba o reprueba un examen según su calificación. La calificación mínima aprobatoria es 60.

Solución:

```python
def comprobar_aprobacion(calificacion):
    if calificacion >= 60:
        return "Aprobado"
    else:
        return "Reprobado"

calificacion = float(input("Ingresa tu calificación: "))
resultado = comprobar_aprobacion(calificacion)
print("Resultado:", resultado)
```

Ejercicio 7: Determinar Bono de Desempeño

Descripción: Escribe un programa que determine si un empleado recibe un bono de desempeño. Para recibir el bono, el empleado debe haber trabajado al menos 2 años en la empresa y haber tenido un desempeño sobresaliente.

Solución:

```python
def determinar_bono(desempeno, anos_trabajados):
    if anos_trabajados >= 2 and desempeno == "sobresaliente":
        return "Recibes un bono de desempeño."
    else:
        return "No cumples con los requisitos para el bono."

desempeno = input("Evaluación de desempeño (sobresaliente/regular): ")
anos_trabajados = int(input("Años trabajados en la empresa: "))

mensaje_bono = determinar_bono(desempeno, anos_trabajados)
print(mensaje_bono)
```

Ejercicio 8: Clasificación de Triángulos

Descripción: Crea un programa que determine el tipo de triángulo (equilátero, isósceles o escaleno) a partir de las longitudes de sus lados.

Solución:

```python
def clasificar_triangulo(a, b, c):
    if a == b and b == c:
        return "Triángulo equilátero"
    elif a == b or b == c or a == c:
        return "Triángulo isósceles"
    else:
        return "Triángulo escaleno"


lado1 = float(input("Longitud del primer lado: "))
lado2 = float(input("Longitud del segundo lado: "))
lado3 = float(input("Longitud del tercer lado: "))

resultado = clasificar_triangulo(lado1, lado2, lado3)
print("Tipo de triángulo:", resultado)
```

Ejercicio 9: Calculadora de Calificaciones

Descripción: Desarrolla un programa que calcule la calificación final de un estudiante a partir de sus calificaciones parciales y determine si aprueba o reprueba el curso.

Solución:

```python
def calcular_calificacion_final(calificaciones_parciales):
    promedio = sum(calificaciones_parciales) / len(calificaciones_parciales)
    if promedio >= 60:
        return "Aprobado"
    else:
        return "Reprobado"


num_calificaciones = int(input("Número de calificaciones parciales: "))
calificaciones = []
for i in range(num_calificaciones):
    calificacion = float(input(f"Ingresa calificación parcial {i + 1}: "))
    calificaciones.append(calificacion)


resultado = calcular_calificacion_final(calificaciones)
print("Resultado:", resultado)
```

Ejercicio 10: Verificación de Número Primo

Descripción: Crea un programa que verifique si un número ingresado por el usuario es primo o no.

Solución:

```python
def es_numero_primo(numero):
    if numero <= 1:
        return False
    for i in range(2, int(numero**0.5) + 1):
        if numero % i == 0:
            return False
    return True

numero = int(input("Ingresa un número: "))
if es_numero_primo(numero):
    print("Es un número primo.")
else:
    print("No es un número primo.")
```

Ejercicios de Listas y Tuplas

Ejercicio 1: Lista de Compras

Descripción: Crea un programa que permita al usuario mantener una lista de compras. El programa debe permitir agregar, eliminar y mostrar los elementos de la lista de compras.

Solución:

```python
lista_compras = []

while True:
    print("Lista de Compras:")
    for i, item in enumerate(lista_compras, start=1):
        print(f"{i}. {item}")

    print("\nOpciones:")
    print("1. Agregar ítem")
    print("2. Eliminar ítem")
    print("3. Salir")

    opcion = input("Selecciona una opción: ")

    if opcion == "1":
        item = input("Ingresa el ítem que deseas agregar: ")
        lista_compras.append(item)
```

```python
        elif opcion == "2":
            if lista_compras:
                indice = int(input("Ingresa el número del ítem que deseas
eliminar: "))
                if 1 <= indice <= len(lista_compras):
                    lista_compras.pop(indice - 1)
                else:
                    print("Número de ítem no válido.")
            else:
                print("La lista de compras está vacía.")
        elif opcion == "3":
            break
        else:
            print("Opción no válida. Intenta de nuevo.")
```

Ejercicio 2: Registro de Contactos

Descripción: Crea un programa que permita al usuario mantener un registro de contactos (nombre y número de teléfono). El programa debe permitir agregar, buscar y mostrar contactos.

Solución:

```python
agenda = {}

while True:
    print("Opciones:")
    print("1. Agregar contacto")
    print("2. Buscar contacto")
    print("3. Mostrar todos los contactos")
    print("4. Salir")
```

```python
opcion = input("Selecciona una opción: ")

if opcion == "1":
    nombre = input("Ingresa el nombre del contacto: ")
    telefono = input("Ingresa el número de teléfono del contacto: ")
    agenda[nombre] = telefono
    print("Contacto agregado con éxito.")
elif opcion == "2":
    nombre = input("Ingresa el nombre del contacto que deseas buscar: ")
    if nombre in agenda:
        print(f"Nombre: {nombre}, Teléfono: {agenda[nombre]}")
    else:
        print("Contacto no encontrado.")
elif opcion == "3":
    for nombre, telefono in agenda.items():
        print(f"Nombre: {nombre}, Teléfono: {telefono}")
elif opcion == "4":
    break
else:
    print("Opción no válida. Intenta de nuevo.")
```

Ejercicio 3: Lista de Tareas Pendientes

Descripción: Crea un programa que permita al usuario mantener una lista de tareas pendientes. El programa debe permitir agregar, marcar como completada y mostrar las tareas pendientes.

Solución:

```python
tareas_pendientes = []

while True:
    print("Tareas Pendientes:")
    for i, tarea in enumerate(tareas_pendientes, start=1):
        print(f"{i}. {tarea[0]} {'(Completada)' if tarea[1] else ''}")

    print("\nOpciones:")
    print("1. Agregar tarea")
    print("2. Marcar tarea como completada")
    print("3. Salir")

    opcion = input("Selecciona una opción: ")

    if opcion == "1":
        tarea = input("Ingresa la descripción de la tarea: ")
        tareas_pendientes.append([tarea, False])
    elif opcion == "2":
        if tareas_pendientes:
            indice = int(input("Ingresa el número de la tarea que deseas
marcar como completada: "))
            if 1 <= indice <= len(tareas_pendientes):
                tareas_pendientes[indice - 1][1] = True
            else:
                print("Número de tarea no válido.")
        else:
            print("La lista de tareas pendientes está vacía.")
    elif opcion == "3":
        break
    else:
        print("Opción no válida. Intenta de nuevo.")
```

Ejercicio 4: Compras y Precios

Descripción: Desarrolla un programa que almacene una lista de productos y sus precios correspondientes. Luego, permite al usuario agregar productos a su carrito de compras y muestra el total de la compra.

Solución:

```python
productos = {"manzanas": 0.5, "bananas": 0.25, "uvas": 0.75, "naranjas": 0.4}
carrito = {}

while True:
    print("Productos disponibles:")
    for producto, precio in productos.items():
        print(f"{producto}: ${precio}")

    print("\nOpciones:")
    print("1. Agregar producto al carrito")
    print("2. Mostrar carrito y total")
    print("3. Salir")

    opcion = input("Selecciona una opción: ")

    if opcion == "1":
        producto = input("Ingresa el nombre del producto que deseas agregar: ").lower()
        if producto in productos:
            cantidad = int(input("Ingresa la cantidad: "))
            if producto in carrito:
                carrito[producto] += cantidad
```

```python
        else:
            carrito[producto] = cantidad
        print("Producto agregado al carrito.")
    else:
        print("Producto no encontrado.")
elif opcion == "2":
    total = sum(productos.get(producto, 0) * cantidad for producto,
cantidad in carrito.items())
    print("Carrito de Compras:")
    for producto, cantidad in carrito.items():
        print(f"{producto}: {cantidad} unidades")
    print(f"Total de la compra: ${total}")
elif opcion == "3":
    break
else:
    print("Opción no válida. Intenta de nuevo.")
```

Ejercicio 5: Puntuación de Jugadores

Descripción: Crea un programa que registre la puntuación de jugadores en un juego y permita ordenar la lista de puntuaciones de mayor a menor.

Solución:

```python
puntuaciones = {"Ana": 150, "Luis": 200, "Carlos": 120, "María": 180}

print("Puntuaciones de Jugadores:")
for jugador, puntuacion in puntuaciones.items():
    print(f"{jugador}: {puntuacion} puntos")

puntuaciones_ordenadas = dict(sorted(puntuaciones.items(), key=lambda x:
x[1], reverse=True))

print("\nPuntuaciones Ordenadas:")
for jugador, puntuacion in puntuaciones_ordenadas.items():
    print(f"{jugador}: {puntuacion} puntos")
```

Ejercicio 6: Registro de Gastos Mensuales

Descripción: Crea un programa que permita a un usuario llevar un registro mensual de gastos. El programa debe permitir al usuario agregar gastos a diferentes categorías y mostrar el total de gastos por categoría al final del mes.

Solución:

```python
# Crear un diccionario donde las claves son categorías y los valores son
listas de gastos.
registro_gastos = {}

while True:
```

```python
print("Opciones:")
print("1. Agregar gasto")
print("2. Mostrar registro mensual")
print("3. Salir")

opcion = input("Selecciona una opción: ")

if opcion == "1":
    categoria = input("Ingresa la categoría del gasto: ")
    monto = float(input("Ingresa el monto del gasto: "))

    if categoria in registro_gastos:
        registro_gastos[categoria].append(monto)
    else:
        registro_gastos[categoria] = [monto]

    print("Gasto registrado con éxito.")
elif opcion == "2":
    print("Registro de Gastos Mensual:")
    for categoria, gastos in registro_gastos.items():
        total_gastos = sum(gastos)
        print(f"{categoria}: ${total_gastos}")
elif opcion == "3":
    break
else:
    print("Opción no válida. Intenta de nuevo.")
```

Ejercicio 7: Clasificación de Películas

Descripción: Desarrolla un programa que permita a un usuario clasificar películas en diferentes géneros. El programa debe permitir agregar películas a géneros específicos y mostrar la lista de películas en cada género.

Solución:

```python
# Crear un diccionario donde las claves son géneros y los valores son listas de películas.
clasificacion_peliculas = {}

while True:
    print("Opciones:")
    print("1. Agregar película a género")
    print("2. Mostrar películas por género")
    print("3. Salir")

    opcion = input("Selecciona una opción: ")

    if opcion == "1":
        genero = input("Ingresa el género de la película: ")
        pelicula = input("Ingresa el nombre de la película: ")

        if genero in clasificacion_peliculas:
            clasificacion_peliculas[genero].append(pelicula)
        else:
            clasificacion_peliculas[genero] = [pelicula]

        print("Película registrada con éxito.")
    elif opcion == "2":
        genero_buscar = input("Ingresa el género que deseas buscar: ")
```

```python
        if genero_buscar in clasificacion_peliculas:
            print(f"Películas en el género {genero_buscar}:")
            for pelicula in clasificacion_peliculas[genero_buscar]:
                print(pelicula)
        else:
            print("Género no encontrado.")
    elif opcion == "3":
        break
    else:
        print("Opción no válida. Intenta de nuevo.")
```

Ejercicio 8: Registro de Calificaciones de Estudiantes

Descripción: Escribe un programa que permita a un profesor registrar las calificaciones de los estudiantes en diferentes asignaturas. El programa debe permitir agregar calificaciones a diferentes estudiantes y mostrar el promedio de calificaciones de cada estudiante al final del período.

Solución:

```python
# Crear un diccionario donde las claves son estudiantes y los valores son
listas de calificaciones.
registro_calificaciones = {}

while True:
    print("Opciones:")
    print("1. Agregar calificación a estudiante")
    print("2. Mostrar promedio de calificaciones de estudiantes")
    print("3. Salir")
```

```python
opcion = input("Selecciona una opción: ")

if opcion == "1":
    estudiante = input("Ingresa el nombre del estudiante: ")
    calificacion = float(input("Ingresa la calificación: "))

    if estudiante in registro_calificaciones:
        registro_calificaciones[estudiante].append(calificacion)
    else:
        registro_calificaciones[estudiante] = [calificacion]

    print("Calificación registrada con éxito.")
elif opcion == "2":
    print("Promedio de Calificaciones de Estudiantes:")
    for estudiante, calificaciones in registro_calificaciones.items():
        promedio = sum(calificaciones) / len(calificaciones)
        print(f"{estudiante}: {promedio:.2f}")
elif opcion == "3":
    break
else:
    print("Opción no válida. Intenta de nuevo.")
```

Ejercicio 9: Conversión de Temperaturas

Descripción: Desarrolla un programa que convierta una lista de temperaturas en grados Celsius a grados Fahrenheit.

Solución:

```python
def celsius_a_fahrenheit(celsius):
    return (celsius * 9/5) + 32

temperaturas_celsius = [20, 25, 30, 35, 40]
temperaturas_fahrenheit = [celsius_a_fahrenheit(c) for c in
temperaturas_celsius]
print("Temperaturas en Celsius:", temperaturas_celsius)
print("Temperaturas en Fahrenheit:", temperaturas_fahrenheit)
```

Ejercicio 2: Promedio de Calificaciones

Descripción: Escribe un programa que calcule el promedio de calificaciones de un estudiante a partir de una lista de calificaciones.

Solución:

```python
def calcular_promedio(calificaciones):
    return sum(calificaciones) / len(calificaciones)

calificaciones = [85, 90, 78, 92, 88]
promedio = calcular_promedio(calificaciones)
print("Promedio de calificaciones:", promedio)
```

Ejercicios de Bucles.

Ejercicio 1: Generador de Números Primos

Descripción: Crea un programa que genere y muestre los primeros N números primos, donde N es un número ingresado por el usuario.

Solución:

```python
def es_primo(num):
    if num <= 1:
        return False
    for i in range(2, num):
        if num % i == 0:
            return False
    return True


N = int(input("Ingresa la cantidad de números primos que deseas generar: "))
numeros_primos = []
numero = 2


while len(numeros_primos) < N:
    if es_primo(numero):
        numeros_primos.append(numero)
    numero += 1


print(f"Los primeros {N} números primos son: {numeros_primos}")
```

Ejercicio 2: Registro de Calificaciones

Descripción: Escribe un programa que permita a un profesor registrar las calificaciones de los estudiantes en diferentes asignaturas. El programa debe permitir agregar calificaciones a diferentes estudiantes y mostrar el promedio de calificaciones de cada estudiante al final del período.

Solución:

```python
registro_calificaciones = {}

while True:
    opcion = input("Seleccione una opción:\n1. Agregar calificación\n2. Mostrar promedios\n3. Salir\n")

    if opcion == "1":
        estudiante = input("Ingrese el nombre del estudiante: ")
        calificacion = float(input("Ingrese la calificación: "))

        if estudiante in registro_calificaciones:
            registro_calificaciones[estudiante].append(calificacion)
        else:
            registro_calificaciones[estudiante] = [calificacion]

        print("Calificación registrada con éxito.")

    elif opcion == "2":
```

```python
    for estudiante, calificaciones in registro_calificaciones.items():
        promedio = sum(calificaciones) / len(calificaciones)
        print(f"Promedio de {estudiante}: {promedio:.2f}")


    elif opcion == "3":
        break
```

Ejercicio 3: Simulador de Carrera

Descripción: Desarrolla un programa que simule una carrera entre varios corredores. Cada corredor tiene una velocidad constante, y el programa debe mostrar el tiempo que le toma a cada corredor cruzar la meta.

Solución:

```python
corredores = {
    "Juan": 10,   # Velocidad en metros por segundo
    "María": 8,
    "Carlos": 12,
}

distancia_carrera = 1000   # Distancia en metros

for corredor, velocidad in corredores.items():
    tiempo = distancia_carrera / velocidad
    print(f"{corredor} cruzó la meta en {tiempo:.2f} segundos.")
```

Ejercicio 4: Generador de Números Primos

Descripción: Crea un programa que genere y muestre los primeros N números primos, donde N es un número ingresado por el usuario.

Solución:

```python
def es_primo(num):
    if num <= 1:
        return False
    for i in range(2, num):
        if num % i == 0:
            return False
    return True

N = int(input("Ingrese la cantidad de números primos que desea generar: "))
numeros_primos = []
numero = 2

while len(numeros_primos) < N:
    if es_primo(numero):
        numeros_primos.append(numero)
    numero += 1

print(f"Los primeros {N} números primos son: {numeros_primos}")
```

Ejercicio 5: Simulación de carrera

Descripción: Desarrolla un programa que simule una carrera entre varios corredores. Cada corredor tiene una velocidad constante, y el programa debe mostrar el tiempo que le toma a cada corredor cruzar la meta.

Solución:

```python
corredores = {
    "Juan": 10,   # Velocidad en metros por segundo
    "María": 8,
    "Carlos": 12,
}

distancia_carrera = 1000  # Distancia en metros

for corredor, velocidad in corredores.items():
    tiempo = distancia_carrera / velocidad
    print(f"{corredor} cruzó la meta en {tiempo:.2f} segundos.")
```

Ejercicio 6: Calculadora de Estadísticas

Descripción: Escribe un programa que permita al usuario ingresar una lista de números y luego calcule y muestre la suma, el promedio, el valor mínimo y el valor máximo de la lista.

Solución:

```python
numeros = input("Ingrese una lista de números separados por espacios: ").split()
numeros = [float(numero) for numero in numeros]

suma = sum(numeros)
promedio = suma / len(numeros)
minimo = min(numeros)
maximo = max(numeros)

print(f"Suma: {suma}")
print(f"Promedio: {promedio:.2f}")
print(f"Valor mínimo: {minimo}")
print(f"Valor máximo: {maximo}")
```

Ejercicio 7: Agenda de Contactos

Descripción: Crea un programa que permita al usuario gestionar una agenda de contactos. El programa debe permitir agregar, buscar y eliminar contactos.

Solución:

```python
agenda = {}

while True:
    opcion = input("Seleccione una opción:\n1. Agregar contacto\n2. Buscar contacto\n3. Eliminar contacto\n4. Salir\n")

    if opcion == "1":
        nombre = input("Ingrese el nombre del contacto: ")
        telefono = input("Ingrese el número de teléfono: ")
        agenda[nombre] = telefono
        print("Contacto agregado con éxito.")

    elif opcion == "2":
        nombre_buscar = input("Ingrese el nombre del contacto a buscar: ")
        if nombre_buscar in agenda:
            print(f"Nombre: {nombre_buscar}, Teléfono: {agenda[nombre_buscar]}")
        else:
            print("Contacto no encontrado.")

    elif opcion == "3":
        nombre_eliminar = input("Ingrese el nombre del contacto a eliminar: ")

        if nombre_eliminar in agenda:
```

```
            del agenda[nombre_eliminar]
            print("Contacto eliminado con éxito.")
        else:
            print("Contacto no encontrado.")


    elif opcion == "4":
        break
```

Ejercicio 8: Calculadora de Impuestos

Descripción: Desarrolla un programa que calcule el impuesto a pagar en función del ingreso anual de una persona. El usuario debe ingresar su ingreso anual, y el programa debe calcular y mostrar el impuesto correspondiente.

Solución:

```
ingreso_anual = float(input("Ingrese su ingreso anual: "))

if ingreso_anual <= 10000:
    impuesto = 0
elif ingreso_anual <= 30000:
    impuesto = ingreso_anual * 0.1
else:
    impuesto = ingreso_anual * 0.2

print(f"El impuesto a pagar es: ${impuesto:.2f}")
```

Ejercicio 9: Calculadora de gastos de la casa

Descripción: Desarrolla un programa que calcule los gastos de la casa. El programa solicitará al usuario que ingrese una lista de gastos mensuales, junto con sus montos respectivos. Luego, calculará y mostrará el gasto total mensual.

Solución:

```python
# Inicializar una variable para el gasto total
gasto_total = 0

# Solicitar al usuario la cantidad de gastos mensuales
num_gastos = int(input("Ingrese la cantidad de gastos mensuales: "))

# Utilizar un bucle for para ingresar gastos y montos
for i in range(1, num_gastos + 1):
    nombre_gasto = input(f"Ingrese el nombre del gasto #{i}: ")
    monto_gasto = float(input(f"Ingrese el monto del gasto #{i} en dólares: "))

    # Sumar el monto del gasto al gasto total
    gasto_total += monto_gasto

# Mostrar el presupuesto mensual
print("\nPresupuesto Mensual:")
for i in range(1, num_gastos + 1):
    print(f"Gasto #{i}: {nombre_gasto} - ${monto_gasto:.2f}")
```

```
# Mostrar el gasto total mensual
print(f"\nGasto Total Mensual: ${gasto_total:.2f}")
```

Ejercicio 10: Cálculo de producción económica.

Descripción: El programa solicitará al usuario que ingrese el número de unidades producidas por día y la cantidad de días que se producirán. Luego, calculará y mostrará la producción económica total basada en un valor unitario ingresado.

Solución:

```
# Solicitar al usuario la cantidad de unidades producidas por día
unidades_por_dia = int(input("Ingrese la cantidad de unidades producidas por día: "))

# Solicitar al usuario la cantidad de días de producción
dias_produccion = int(input("Ingrese la cantidad de días de producción: "))

# Solicitar al usuario el valor unitario de cada unidad
valor_unitario = float(input("Ingrese el valor unitario de cada unidad en dólares: "))

# Inicializar una variable para la producción económica total
produccion_total = 0

# Utilizar un bucle for para calcular la producción económica diaria
for dia in range(1, dias_produccion + 1):
    produccion_diaria = unidades_por_dia * valor_unitario
    produccion_total += produccion_diaria
    print(f"Día {dia}: Producción Diaria - ${produccion_diaria:.2f}")
```

```
# Mostrar la producción económica total
print(f"\nProducción Económica Total: ${produccion_total:.2f}"
```

Ejercicios de Diccionarios.

Ejercicio 1: Registro de Contactos

Descripción: Crea un programa que permita al usuario registrar nombres y números de teléfono en un diccionario. El usuario puede agregar, actualizar y eliminar contactos.

Solución:

```
agenda = {}

while True:
    print("\n1. Agregar contacto")
    print("2. Actualizar contacto")
    print("3. Eliminar contacto")
    print("4. Mostrar contactos")
    print("5. Salir")

    opcion = input("Seleccione una opción: ")

    if opcion == "1":
        nombre = input("Ingrese el nombre del contacto: ")
        telefono = input("Ingrese el número de teléfono: ")
        agenda[nombre] = telefono
```

```python
        elif opcion == "2":
            nombre = input("Ingrese el nombre del contacto a actualizar: ")
            if nombre in agenda:
                telefono = input("Ingrese el nuevo número de teléfono: ")
                agenda[nombre] = telefono
            else:
                print("El contacto no existe en la agenda.")
        elif opcion == "3":
            nombre = input("Ingrese el nombre del contacto a eliminar: ")
            if nombre in agenda:
                del agenda[nombre]
            else:
                print("El contacto no existe en la agenda.")
        elif opcion == "4":
            for nombre, telefono in agenda.items():
                print(f"{nombre}: {telefono}")
        elif opcion == "5":
            break
        else:
            print("Opción inválida.")
```

Ejercicio 2: Registro de Inventario

Descripción: Desarrolla un programa que permita a un comerciante mantener un registro de inventario utilizando un diccionario. El programa debe permitir agregar productos, actualizar sus cantidades y mostrar el inventario.

Solución:

```python
inventario = {}
```

```python
while True:
    print("\n1. Agregar producto")
    print("2. Actualizar cantidad")
    print("3. Mostrar inventario")
    print("4. Salir")

    opcion = input("Seleccione una opción: ")

    if opcion == "1":
        producto = input("Ingrese el nombre del producto: ")
        cantidad = int(input("Ingrese la cantidad inicial: "))
        inventario[producto] = cantidad
    elif opcion == "2":
        producto = input("Ingrese el nombre del producto a actualizar: ")
        if producto in inventario:
            cantidad = int(input("Ingrese la nueva cantidad: "))
            inventario[producto] = cantidad
        else:
            print("El producto no existe en el inventario.")
    elif opcion == "3":
        for producto, cantidad in inventario.items():
            print(f"{producto}: {cantidad} unidades")
    elif opcion == "4":
        break
    else:
        print("Opción inválida.")
```

Ejercicio 3: Sistema de Reservas de Vuelo

Descripción: Crea un programa que permita a los usuarios reservar vuelos y consultar sus reservas. Usa un diccionario para llevar un registro de las reservas por nombre de pasajero y número de vuelo.

Solución:

```python
reservas = {}

while True:
    print("\n1. Reservar vuelo")
    print("2. Consultar reservas")
    print("3. Salir")

    opcion = input("Seleccione una opción: ")

    if opcion == "1":
        nombre_pasajero = input("Ingrese su nombre: ")
        numero_vuelo = input("Ingrese el número de vuelo: ")
        reservas[nombre_pasajero] = numero_vuelo
        print(f"Reserva confirmada para {nombre_pasajero} en el vuelo
{numero_vuelo}.")
    elif opcion == "2":
        nombre_pasajero = input("Ingrese su nombre para consultar la reserva:
")
        if nombre_pasajero in reservas:
            numero_vuelo = reservas[nombre_pasajero]
            print(f"Reserva encontrada para {nombre_pasajero} en el vuelo
{numero_vuelo}.")
        else:
            print("No se encontró ninguna reserva para ese nombre.")
    elif opcion == "3":
        break
    else:
        print("Opción inválida.")
```

Ejercicio 4: Registro de Calificaciones

Descripción: Crea un programa que permita a un profesor registrar las calificaciones de sus estudiantes utilizando un diccionario. El programa debe permitir agregar calificaciones, calcular promedios y mostrar calificaciones.

Solución:

```python
calificaciones = {}

while True:
    print("\n1. Agregar calificaciones")
    print("2. Calcular promedio")
    print("3. Mostrar calificaciones")
    print("4. Salir")

    opcion = input("Seleccione una opción: ")

    if opcion == "1":
        estudiante = input("Ingrese el nombre del estudiante: ")
        calificacion = float(input("Ingrese la calificación: "))
        if estudiante in calificaciones:
            calificaciones[estudiante].append(calificacion)
        else:
            calificaciones[estudiante] = [calificacion]
    elif opcion == "2":
        estudiante = input("Ingrese el nombre del estudiante para calcular el promedio: ")
        if estudiante in calificaciones:
```

```python
            promedio = sum(calificaciones[estudiante]) /
len(calificaciones[estudiante])
            print(f"El promedio de {estudiante} es {promedio:.2f}")
        else:
            print("No se encontraron calificaciones para ese estudiante.")
    elif opcion == "3":
        for estudiante, notas in calificaciones.items():
            print(f"{estudiante}: {', '.join(map(str, notas))}")
    elif opcion == "4":
        break
    else:
        print("Opción inválida.")
```

Ejercicio 5: Registro de Ventas

Descripción: Crea un programa que permita a una tienda registrar ventas y calcular estadísticas de ventas utilizando un diccionario.

Solución:

```python
ventas = {}

while True:
    print("\n1. Registrar venta")
```

```python
    print("2. Calcular estadísticas de ventas")
    print("3. Salir")

    opcion = input("Seleccione una opción: ")

    if opcion == "1":
        producto = input("Ingrese el nombre del producto vendido: ")
        monto_venta = float(input("Ingrese el monto de la venta en dólares: "))

        if producto in ventas:
            ventas[producto]['total_ventas'] += monto_venta
            ventas[producto]['num_ventas'] += 1
        else:
            ventas[producto] = {'total_ventas': monto_venta, 'num_ventas': 1}

        print(f"Venta de {producto} registrada.")
    elif opcion == "2":
        if not ventas:
            print("No hay ventas registradas.")
        else:
            print("\nEstadísticas de Ventas:")
            for producto, datos in ventas.items():
                total_ventas = datos['total_ventas']
                num_ventas = datos['num_ventas']
                promedio_venta = total_ventas / num_ventas
                print(f"Producto: {producto}")
                print(f"Total de Ventas: ${total_ventas:.2f}")
                print(f"Número de Ventas: {num_ventas}")
                print(f"Promedio de Venta: ${promedio_venta:.2f}")
    elif opcion == "3":
        break
    else:
        print("Opción inválida.")
```

Ejercicio 6: Registro de Recetas de Cocina

Descripción: Desarrolla un programa que permita a un cocinero mantener un registro de recetas de cocina. El programa debe permitir agregar recetas, ver los ingredientes y ver las instrucciones.

Solución:

```python
recetas = {}

while True:
    print("\n1. Agregar receta")
    print("2. Ver ingredientes de receta")
    print("3. Ver instrucciones de receta")
    print("4. Salir")

    opcion = input("Seleccione una opción: ")

    if opcion == "1":
        nombre_receta = input("Ingrese el nombre de la receta: ")
        ingredientes = input("Ingrese los ingredientes (separados por comas): ").split(',')
        instrucciones = input("Ingrese las instrucciones de preparación: ")

        recetas[nombre_receta] = {'ingredientes': ingredientes, 'instrucciones': instrucciones}
        print(f"Receta '{nombre_receta}' agregada.")
    elif opcion == "2":
        nombre_receta = input("Ingrese el nombre de la receta para ver los ingredientes: ")
        if nombre_receta in recetas:
```

```python
            ingredientes = recetas[nombre_receta]['ingredientes']
            print(f"Ingredientes de '{nombre_receta}': {',
'.join(ingredientes)}")
        else:
            print("La receta no existe en el registro.")
    elif opcion == "3":
        nombre_receta = input("Ingrese el nombre de la receta para ver las
instrucciones: ")
        if nombre_receta in recetas:
            instrucciones = recetas[nombre_receta]['instrucciones']
            print(f"Instrucciones de '{nombre_receta}':\n{instrucciones}")
        else:
            print("La receta no existe en el registro.")
    elif opcion == "4":
        break
    else:
        print("Opción inválida.")
```

Ejercicio 7: Agenda de Tareas

Descripción: Desarrolla un programa que permita a un usuario mantener una agenda de tareas utilizando un diccionario. El programa debe permitir agregar tareas, marcarlas como completadas y mostrar la lista de tareas pendientes.

Solución:

```python
agenda_tareas = {}

while True:
    print("\n1. Agregar tarea")
    print("2. Marcar tarea como completada")
    print("3. Mostrar tareas pendientes")
    print("4. Salir")

    opcion = input("Seleccione una opción: ")

    if opcion == "1":
        tarea = input("Ingrese la descripción de la tarea: ")
        agenda_tareas[tarea] = False
        print(f"Tarea '{tarea}' agregada.")
    elif opcion == "2":
        tarea = input("Ingrese la tarea que desea marcar como completada: ")
        if tarea in agenda_tareas:
            agenda_tareas[tarea] = True
            print(f"Tarea '{tarea}' marcada como completada.")
        else:
            print("La tarea no existe en la lista de tareas.")
    elif opcion == "3":
        print("\nTareas Pendientes:")
        for tarea, completada in agenda_tareas.items():
            if not completada:
                print(tarea)
    elif opcion == "4":
        break
    else:
        print("Opción inválida.")
```

Ejercicio 8: Registro de Películas

Descripción: Crea un programa que permita a un usuario llevar un registro de películas utilizando un diccionario. El programa debe permitir agregar películas, ver la lista de películas y ver detalles de una película específica.

Solución:

```python
peliculas = {}

while True:
    print("\n1. Agregar película")
    print("2. Ver lista de películas")
    print("3. Ver detalles de película")
    print("4. Salir")

    opcion = input("Seleccione una opción: ")


    if opcion == "1":
        titulo = input("Ingrese el título de la película: ")
        director = input("Ingrese el nombre del director: ")
        año = input("Ingrese el año de lanzamiento: ")

        peliculas[titulo] = {'director': director, 'año': año}
        print(f"Película '{titulo}' agregada.")
    elif opcion == "2":
        if not peliculas:
            print("No hay películas en la lista.")
        else:
            print("\nLista de Películas:")
            for titulo, detalles in peliculas.items():
                director = detalles['director']
                año = detalles['año']
```

```python
            print(f"Título: {titulo}")
            print(f"Director: {director}")
            print(f"Año: {año}")
    elif opcion == "3":
        titulo = input("Ingrese el título de la película para ver detalles:
")

        if titulo in peliculas:
            detalles = peliculas[titulo]
          director = detalles['director']
            año = detalles['año']
            print(f"Detalles de '{titulo}':")
            print(f"Director: {director}")
            print(f"Año: {año}")
        else:
            print("La película no está en la lista.")
    elif opcion == "4":
        break
    else:
      print("Opción inválida.")
```

Ejercicio 9: Registro de Libros

Descripción: Desarrolla un programa que permita a un usuario llevar un registro de libros utilizando un diccionario. El programa debe permitir agregar libros, ver la lista de libros y ver detalles de un libro específico.

Solución:

```python
libros = {}

while True:
    print("\n1. Agregar libro")
    print("2. Ver lista de libros")
```

```python
print("3. Ver detalles de libro")
print("4. Salir")

opcion = input("Seleccione una opción: ")


if opcion == "1":
    titulo = input("Ingrese el título del libro: ")
    autor = input("Ingrese el nombre del autor: ")
    año = input("Ingrese el año de publicación: ")


    libros[titulo] = {'autor': autor, 'año': año}
    print(f"Libro '{titulo}' agregado.")
elif opcion == "2":
    if not libros:
        print("No hay libros en la lista.")
    else:
        print("\nLista de Libros:")
        for titulo, detalles in libros.items():
            autor = detalles['autor']
            año = detalles['año']
            print(f"Título: {titulo}")
            print(f"Autor: {autor}")
            print(f"Año de Publicación: {año}")
elif opcion == "3":
    titulo = input("Ingrese el título del libro para ver detalles: ")
    if titulo in libros:
        detalles = libros[titulo]
        autor = detalles['autor']
        año = detalles['año']
        print(f"Detalles de '{titulo}':")
        print(f"Autor: {autor}")
        print(f"Año de Publicación: {año}")
    else:
        print("El libro no está en la lista.")
elif opcion == "4":
    break
else:
```

```
    print("Opción inválida."
```

Ejercicio 10: Registro de Empleados

Descripción: Crea un programa que permita gestionar el registro de empleados de una empresa. El programa debe permitir agregar empleados, actualizar información y mostrar la lista de empleados.

Solución:

```
empleados = {}

while True:
    print("\n1. Agregar empleado")
    print("2. Actualizar información de empleado")
    print("3. Mostrar lista de empleados")
    print("4. Salir")

    opcion = input("Seleccione una opción: ")

    if opcion == "1":
        id_empleado = input("Ingrese el ID del empleado: ")
        nombre = input("Ingrese el nombre del empleado: ")
        cargo = input("Ingrese el cargo del empleado: ")
```

```python
            empleados[id_empleado] = {'nombre': nombre, 'cargo': cargo}
            print(f"Empleado con ID {id_empleado} agregado.")
        elif opcion == "2":
            id_empleado = input("Ingrese el ID del empleado a actualizar: ")
            if id_empleado in empleados:
                nombre = input("Ingrese el nuevo nombre del empleado: ")
                cargo = input("Ingrese el nuevo cargo del empleado: ")
                empleados[id_empleado]['nombre'] = nombre
                empleados[id_empleado]['cargo'] = cargo
                print(f"Información del empleado con ID {id_empleado}
actualizada.")
            else:
                print("El empleado no existe en la lista.")
        elif opcion == "3":
            print("\nLista de Empleados:")
            for id_empleado, info in empleados.items():
                print(f"ID: {id_empleado}, Nombre: {info['nombre']}, Cargo:
{info['cargo']}")
        elif opcion == "4":
            break
        else:
            print("Opción inválida.")
```

Ejercicios de Funciones.

Ejercicio 1: Calculadora de Propinas

Descripción: Crea una función llamada calcular_propina que tome el costo de una comida y un porcentaje de propina como argumentos y calcule el monto total que debe pagar, incluida la propina.

Solución:

```python
def calcular_propina(costo_comida, porcentaje_propina):
    propina = costo_comida * (porcentaje_propina / 100)
    total = costo_comida + propina
    return total

costo = float(input("Ingrese el costo de la comida: "))
porcentaje = float(input("Ingrese el porcentaje de propina a dejar (por
ejemplo, 15): "))
total_a_pagar = calcular_propina(costo, porcentaje)
print(f"Total a pagar, incluida la propina: ${total_a_pagar:.2f}")
```

Ejercicio 2: Conversión de Temperatura

Descripción: Crea una función llamada celsius_a_fahrenheit que convierta una temperatura en grados Celsius a grados Fahrenheit.

Solución:

```python
def celsius_a_fahrenheit(celsius):
    fahrenheit = (celsius * 9/5) + 32
    return fahrenheit


temperatura_celsius = float(input("Ingrese la temperatura en grados Celsius: "))
temperatura_fahrenheit = celsius_a_fahrenheit(temperatura_celsius)
print(f"La temperatura en grados Fahrenheit es: {temperatura_fahrenheit:.2f}°F")
```

Ejercicio 3: Calculadora de Hipotenusa

Descripción: Crea una función llamada calcular_hipotenusa que calcule la longitud de la hipotenusa de un triángulo rectángulo dado su cateto A y cateto B.

Solución:

```python
import math

def calcular_hipotenusa(cateto_a, cateto_b):
    hipotenusa = math.sqrt(cateto_a ** 2 + cateto_b ** 2)
    return hipotenusa


cateto1 = float(input("Ingrese la longitud del primer cateto: "))
cateto2 = float(input("Ingrese la longitud del segundo cateto: "))
hipotenusa_calculada = calcular_hipotenusa(cateto1, cateto2)
print(f"La longitud de la hipotenusa es: {hipotenusa_calculada:.2f}")
```

Ejercicio 4: Calculadora de Intereses Compuestos

Descripción: Crea una función llamada calcular_interes_compuesto que calcule el monto final de una inversión con interés compuesto a lo largo de un período de tiempo.

Solución:

```python
def calcular_interes_compuesto(p_principal, t_tiempo, r_tasa):
    monto_final = p_principal * (1 + r_tasa / 100) ** t_tiempo
    return monto_final

principal = float(input("Ingrese el monto principal de la inversión: "))
tiempo = int(input("Ingrese el número de años de la inversión: "))
tasa = float(input("Ingrese la tasa de interés anual (%): "))
monto_final_inversion = calcular_interes_compuesto(principal, tiempo, tasa)
print(f"El monto final de la inversión es: ${monto_final_inversion:.2f}")
```

Ejercicio 5: Calculadora de Distancia

Descripción: Crea una función calcular_distancia que calcule la distancia entre dos puntos en un plano cartesiano utilizando el teorema de Pitágoras.

Solución:

```python
import math


def calcular_distancia(x1, y1, x2, y2):
    distancia = math.sqrt((x2 - x1)**2 + (y2 - y1)**2)
    return distancia


x1, y1 = 1, 2
x2, y2 = 4, 6
distancia = calcular_distancia(x1, y1, x2, y2)
print(f"La distancia entre los puntos es: {distancia:.2f} unidades")
```

Ejercicio 6: Calculadora de Descuentos

Descripción: Crea una función calcular_descuento que calcule el precio después de aplicar un descuento a un artículo. La función debe tomar el precio original y el porcentaje de descuento como argumentos y devolver el precio con descuento.

Solución:

```python
def calcular_descuento(precio_original, porcentaje_descuento):
    descuento = precio_original * (porcentaje_descuento / 100)
    precio_con_descuento = precio_original - descuento
    return precio_con_descuento


precio_original = 100
porcentaje_descuento = 20
precio_final = calcular_descuento(precio_original, porcentaje_descuento)
print(f"Precio con descuento: ${precio_final:.2f}")
```

Ejercicio 7: Validación de Contraseña

Descripción: Crea una función validar_contraseña que verifique si una contraseña cumple con ciertos criterios, como tener al menos 8 caracteres, incluir al menos una letra mayúscula y al menos un número.

Solución:

```python
import re


def validar_contraseña(contraseña):
    if len(contraseña) < 8:
        return False
    if not re.search("[A-Z]", contraseña):
        return False
    if not re.search("[0-9]", contraseña):
        return False
    return True


contraseña = "MiP@ssw0rd"
if validar_contraseña(contraseña):
    print("Contraseña válida.")
else:
    print("Contraseña no válida.")
```

Ejercicio 8: Generador de Contraseña

Descripción: Crea una función generar_contraseña que genere una contraseña aleatoria con una longitud especificada. La contraseña debe incluir letras mayúsculas, letras minúsculas y números.

Solución:

```python
import random
import string

def generar_contraseña(longitud):
    caracteres = string.ascii_letters + string.digits
    contraseña = ''.join(random.choice(caracteres) for _ in range(longitud))
    return contraseña

longitud_contraseña = 12
nueva_contraseña = generar_contraseña(longitud_contraseña)
print(f"Contraseña generada: {nueva_contraseña}")
```

Ejercicio 9: Calculadora de IMC

Descripción: Crea una función calcular_imc que calcule el Índice de Masa Corporal (IMC) de una persona. La función debe tomar el peso en kilogramos y la altura en metros como argumentos y devolver el IMC.

Solución:

```python
def calcular_imc(peso, altura):
    imc = peso / (altura ** 2)
    return imc


peso_kg = 70
altura_metros = 1.75
imc = calcular_imc(peso_kg, altura_metros)
print(f"Tu IMC es: {imc:.2f}")
```

Ejercicio 10: Conversión de Moneda

Descripción: Crea una función convertir_moneda que convierta una cantidad de una moneda a otra utilizando una tasa de cambio proporcionada.

Solución:

```python
def convertir_moneda(cantidad, tasa_cambio):
    cantidad_convertida = cantidad * tasa_cambio
    return cantidad_convertida


cantidad_dolares = 100
tasa_cambio = 1.2  # Ejemplo: 1 dólar equivale a 1.2 euros
cantidad_euros = convertir_moneda(cantidad_dolares, tasa_cambio)
print(f"{cantidad_dolares} dólares son equivalentes a {cantidad_euros} euros")
```

Ejercicios de Programación Funcional.

Ejercicio 1: Filtrado de Números Pares

Descripción: Crea una función que tome una lista de números y use programación funcional para filtrar los números pares.

Solución:

```
def filtrar_pares(numeros):
    return list(filter(lambda x: x % 2 == 0, numeros))

numeros = [1, 2, 3, 4, 5, 6, 7, 8, 9, 10]
pares = filtrar_pares(numeros)
print("Números pares:", pares)
```

Ejercicio 2: Mapeo de Números a Cuadrados

Descripción: Crea una función que tome una lista de números y use programación funcional para mapear los números a sus cuadrados.

Solución:

```python
def mapear_a_cuadrados(numeros):
    return list(map(lambda x: x ** 2, numeros))


numeros = [1, 2, 3, 4, 5]
cuadrados = mapear_a_cuadrados(numeros)
print("Cuadrados de los números:", cuadrados)
```

Ejercicio 3: Reducción de una Lista

Descripción: Crea una función que tome una lista de números y use programación funcional para reducir la lista a la suma de todos los números.

Solución:

```python
from functools import reduce


def reducir_a_suma(numeros):
    return reduce(lambda x, y: x + y, numeros)


numeros = [1, 2, 3, 4, 5]
suma_total = reducir_a_suma(numeros)
print("Suma de los números:", suma_total)
```

Ejercicio 4: Filtrado de Nombres por Longitud

Descripción: Crea una función que tome una lista de nombres y use programación funcional para filtrar los nombres que tienen una longitud mayor o igual a cierto valor.

Solución:

```python
def filtrar_por_longitud(nombres, longitud_minima):
    return list(filter(lambda x: len(x) >= longitud_minima, nombres))

nombres = ["Juan", "Ana", "Carlos", "Elena", "Pedro"]
longitud_minima = 4
nombres_filtrados = filtrar_por_longitud(nombres, longitud_minima)
print(f"Nombres con longitud mayor o igual a {longitud_minima}:
{nombres_filtrados}")
```

Ejercicio 5: Mapeo de Nombres a Mayúsculas

Descripción: Crea una función que tome una lista de nombres y use programación funcional para mapear los nombres a letras mayúsculas.

Solución:

```python
def mapear_a_mayusculas(nombres):
    return list(map(lambda x: x.upper(), nombres))


nombres = ["Juan", "Ana", "Carlos", "Elena", "Pedro"]
nombres_mayusculas = mapear_a_mayusculas(nombres)
print("Nombres en mayúsculas:", nombres_mayusculas)
```

Ejercicio 6: Reducción de Precios

Descripción: Crea una función que tome una lista de precios y use programación funcional para reducir la lista a la suma de los precios después de aplicar un descuento.

Solución:

```python
from functools import reduce


def reducir_precios(precios, descuento):
    total_con_descuento = reduce(lambda x, y: x + y, map(lambda x: x * (1 -
descuento), precios))
    return total_con_descuento


precios = [100, 50, 75, 30]
descuento = 0.1  # 10% de descuento
```

```
total_final = reducir_precios(precios, descuento)
print(f"Total con descuento: ${total_final:.2f}")
```

Ejercicio 7: Filtrado de Correos Electrónicos Válidos

Descripción: Crea una función que tome una lista de correos electrónicos y use programación funcional para filtrar los correos electrónicos válidos (que tienen un formato válido).

Solución:

```
import re

def es_correo_valido(correo):
    patron = r'^[\w\.-]+@[\w\.-]+\.\w+$'
    return re.match(patron, correo)

correos = ["usuario1@gmail.com", "usuario2", "usuario3@hotmail.com",
"usuario4@yahoo.com"]
correos_validos = list(filter(es_correo_valido, correos))
print("Correos electrónicos válidos:", correos_validos)
```

Ejercicio 8: Mapeo de Fechas a Días de la Semana

Descripción: Crea una función que tome una lista de fechas y use programación funcional para mapear las fechas al día de la semana correspondiente.

Solución:

```python
from datetime import datetime
from datetime import datetime

def mapear_a_dias_semana(fechas):
    dias_semana = ["Lunes", "Martes", "Miércoles", "Jueves", "Viernes",
"Sábado", "Domingo"]
    return list(map(lambda x: dias_semana[datetime.strptime(x,
"%Y-%m-%d").weekday()], fechas))

fechas = ["2023-09-18", "2023-09-19", "2023-09-20"]
dias_semana = mapear_a_dias_semana(fechas)
print("Días de la semana correspondientes a las fechas:", dias_semana)
```

Ejercicio 9: Reducción de Notas

Descripción: Crea una función que tome una lista de notas y use programación funcional para reducir la lista al promedio de las notas.

Solución:

```python
from functools import reduce

def reducir_a_promedio(notas):
    total_notas = reduce(lambda x, y: x + y, notas)
    promedio = total_notas / len(notas)
    return promedio

notas = [90, 85, 75, 95, 88]
promedio_notas = reducir_a_promedio(notas)
print(f"Promedio de notas: {promedio_notas:.2f}")
```

Ejercicio 10: Filtrado de Números Primos

Descripción: Crea una función que tome una lista de números y use programación funcional para filtrar los números primos.

Solución:

```python
def es_primo(numero):
    if numero <= 1:
        return False
    if numero <= 3:
        return True
    if numero % 2 == 0 or numero % 3 == 0:
        return False
    i = 5
    while i * i <= numero:
        if numero % i == 0 or numero % (i + 2) == 0:
            return False
        i += 6
    return True


numeros = [1, 2, 3, 4, 5, 6, 7, 8, 9, 10]
primos = list(filter(es_primo, numeros))
print("Números primos:", primos)
```

Ejercicios de Manejos de Archivos.

Ejercicio 1: Lectura de un Archivo de Texto

Descripción: Crea una función que lea un archivo de texto dado y muestre su contenido por pantalla.

Solución:

```python
def leer_archivo(nombre_archivo):
    try:
        with open(nombre_archivo, 'r') as archivo:
            contenido = archivo.read()
            print(contenido)
    except FileNotFoundError:
        print(f"El archivo '{nombre_archivo}' no fue encontrado.")

nombre_archivo = "archivo.txt"
leer_archivo(nombre_archivo)
```

Ejercicio 2: Escritura en un Archivo de Texto

Descripción: Crea una función que escriba un mensaje en un archivo de texto. Si el archivo no existe, debería crearlo.

Solución:

```python
def escribir_en_archivo(nombre_archivo, mensaje):
    with open(nombre_archivo, 'w') as archivo:
        archivo.write(mensaje)


nombre_archivo = "archivo.txt"
mensaje = "Hola, este es un mensaje de prueba."
escribir_en_archivo(nombre_archivo, mensaje)
```

Ejercicio 3: Copia de un Archivo a Otro

Descripción: Crea una función que copie el contenido de un archivo de texto a otro archivo.

Solución:

```python
def copiar_archivo(origen, destino):
```

```python
    try:
        with open(origen, 'r') as archivo_origen:
            contenido = archivo_origen.read()
            with open(destino, 'w') as archivo_destino:
                archivo_destino.write(contenido)
        print(f"El archivo '{origen}' ha sido copiado en '{destino}'.")
    except FileNotFoundError:
        print(f"El archivo '{origen}' no fue encontrado.")


archivo_origen = "origen.txt"
archivo_destino = "destino.txt"
copiar_archivo(archivo_origen, archivo_destino)
```

Ejercicio 4: Conteo de Palabras en un Archivo de Texto

Descripción: Crea una función que lea un archivo de texto y cuente cuántas veces aparece cada palabra en el archivo.

Solución:

```python
def contar_palabras_archivo(nombre_archivo):
    try:
        with open(nombre_archivo, 'r') as archivo:
            contenido = archivo.read()
            palabras = contenido.split()
            conteo = {}
            for palabra in palabras:
                palabra = palabra.lower()
                palabra = palabra.strip('.,!?()[]{}"\'')
                if palabra in conteo:
```

```
                    conteo[palabra] += 1
            else:
                    conteo[palabra] = 1
        return conteo
    except FileNotFoundError:
        print(f"El archivo '{nombre_archivo}' no fue encontrado.")


nombre_archivo = "texto.txt"
resultado = contar_palabras_archivo(nombre_archivo)
for palabra, frecuencia in resultado.items():
    print(f"'{palabra}': {frecuencia} veces")
```

Ejercicio 5: Creación de una Agenda de Contactos

Descripción: Crea una función que permita agregar, listar y buscar contactos en una agenda de contactos almacenada en un archivo.

Solución:

```
import json


def agregar_contacto(nombre_archivo, contacto):
    try:
        with open(nombre_archivo, 'a') as archivo:
            archivo.write(json.dumps(contacto) + '\n')
        print(f"Contacto '{contacto['nombre']}' agregado.")
    except FileNotFoundError:
        print(f"El archivo '{nombre_archivo}' no fue encontrado.")


def listar_contactos(nombre_archivo):
    try:
```

```python
        with open(nombre_archivo, 'r') as archivo:
            contactos = [json.loads(line) for line in archivo]
        for contacto in contactos:
            print(f"Nombre: {contacto['nombre']}, Teléfono:
{contacto['telefono']}")
    except FileNotFoundError:
        print(f"El archivo '{nombre_archivo}' no fue encontrado.")


def buscar_contacto(nombre_archivo, nombre):
    try:
        with open(nombre_archivo, 'r') as archivo:
            contactos = [json.loads(line) for line in archivo if
json.loads(line)['nombre'] == nombre]
        if contactos:
            for contacto in contactos:
                print(f"Nombre: {contacto['nombre']}, Teléfono:
{contacto['telefono']}")
        else:
            print(f"No se encontró ningún contacto con el nombre
'{nombre}'.")
    except FileNotFoundError:
        print(f"El archivo '{nombre_archivo}' no fue encontrado.")


nombre_archivo = "agenda.txt"
contacto1 = {"nombre": "Juan", "telefono": "123-456-7890"}
contacto2 = {"nombre": "Ana", "telefono": "987-654-3210"}
agregar_contacto(nombre_archivo, contacto1)
agregar_contacto(nombre_archivo, contacto2)
listar_contactos(nombre_archivo)
buscar_contacto(nombre_archivo, "Ana")
```

Ejercicio 6: Análisis de Logs de Acceso a un Sitio Web

Descripción: Crea una función que analice un archivo de logs de acceso a un sitio web y genere estadísticas sobre la cantidad de visitas, direcciones IP únicas y más.

Solución:

```python
def analizar_logs(nombre_archivo):
    try:
        with open(nombre_archivo, 'r') as archivo:
            lineas = archivo.readlines()
        cantidad_visitas = len(lineas)
        ips_unicas = set()
        for linea in lineas:
            partes = linea.split()
            if len(partes) > 0:
                ip = partes[0]
                ips_unicas.add(ip)
        print(f"Cantidad de visitas: {cantidad_visitas}")
        print(f"Cantidad de direcciones IP únicas: {len(ips_unicas)}")
    except FileNotFoundError:
        print(f"El archivo '{nombre_archivo}' no fue encontrado.")

nombre_archivo = "logs.txt"
analizar_logs(nombre_archivo)
```

Ejercicio 7: Conversión de CSV a JSON

Descripción: Crea una función que lea un archivo CSV y lo convierta en un archivo JSON.

Solución:

```python
import csv
import json

def csv_a_json(archivo_csv, archivo_json):
    try:
        with open(archivo_csv, 'r') as csv_file:
            csv_reader = csv.DictReader(csv_file)
            datos = [fila for fila in csv_reader]

        with open(archivo_json, 'w') as json_file:
            json.dump(datos, json_file, indent=4)
        print(f"Archivo CSV '{archivo_csv}' convertido a JSON en
'{archivo_json}'.")
    except FileNotFoundError:
        print(f"El archivo '{archivo_csv}' no fue encontrado.")

archivo_csv = "datos.csv"
archivo_json = "datos.json"
csv_a_json(archivo_csv, archivo_json)
```

Ejercicio 8: Clasificación de Archivos por Tipo

Descripción: Crea una función que lea una carpeta y clasifique los archivos por tipo (por ejemplo, imágenes, documentos, música) y muestre la cantidad de archivos de cada tipo.

Solución:

```python
import os

def clasificar_archivos_por_tipo(carpeta):
    tipos_archivos = {}
    try:
        for archivo in os.listdir(carpeta):
            if os.path.isfile(os.path.join(carpeta, archivo)):
                extension = archivo.split('.')[-1]
                if extension in tipos_archivos:
                    tipos_archivos[extension] += 1
                else:
                    tipos_archivos[extension] = 1
        for extension, cantidad in tipos_archivos.items():
            print(f"Tipo de archivo: {extension}, Cantidad: {cantidad}")
    except FileNotFoundError:
        print(f"La carpeta '{carpeta}' no fue encontrada.")

carpeta = "mi_carpeta"
clasificar_archivos_por_tipo(carpeta)
```

Ejercicio 9: Renombrar Archivos en Lote

Descripción: Crea una función que renombre una serie de archivos en una carpeta de acuerdo a un patrón dado.

Solución:

```python
import os

def renombrar_archivos_en_lote(carpeta, patron):
    try:
        archivos = os.listdir(carpeta)
        for i, archivo in enumerate(archivos):
            extension = archivo.split('.')[-1]
            nuevo_nombre = f"{patron}_{i+1}.{extension}"
            os.rename(os.path.join(carpeta, archivo), os.path.join(carpeta,
nuevo_nombre))
        print("Archivos renombrados con éxito.")
    except FileNotFoundError:
        print(f"La carpeta '{carpeta}' no fue encontrada.")

carpeta = "mi_carpeta"
patron = "documento"
renombrar_archivos_en_lote(carpeta, patron)
```

Ejercicio 10: Eliminación de Archivos Antiguos

Descripción: Crea una función que elimine archivos en una carpeta que tengan más de X días de antigüedad.

Solución:

```python
import os
import datetime


def eliminar_archivos_antiguos(carpeta, dias_antiguedad):
    try:
        fecha_actual = datetime.datetime.now()
        for archivo in os.listdir(carpeta):
            ruta_archivo = os.path.join(carpeta, archivo)
            if os.path.isfile(ruta_archivo):
                fecha_creacion =
datetime.datetime.fromtimestamp(os.path.getctime(ruta_archivo))
                if (fecha_actual - fecha_creacion).days > dias_antiguedad:
                    os.remove(ruta_archivo)
                    print(f"Archivo '{archivo}' eliminado por ser antiguo.")
        print("Archivos antiguos eliminados con éxito.")
    except FileNotFoundError:
        print(f"La carpeta '{carpeta}' no fue encontrada.")


carpeta = "mi_carpeta"
dias_antiguedad = 30
eliminar_archivos_antiguos(carpeta, dias_antiguedad)
```

Ejercicios de Depuración.

Ejercicio 1: Errores de Sintaxis

Descripción: Encuentra y corrige los errores de sintaxis en el siguiente código que calcula el área de un triángulo.

```
base = 10
altura = 5
área = (base * altura) / 2
print("El área del triángulo es:", área)
```

Solución

```
base = 10
altura = 5
área = (base * altura) / 2
print("El área del triángulo es:", área)
```

Ejercicio 2: Errores de Tipos

Descripción: Encuentra y corrige los errores de tipos en el siguiente código que concatena una cadena y un número.

```
cadena = "Python"
numero = 3
resultado = cadena + numero
print("Resultado:", resultado)
```

Solución:

```
cadena = "Python"
numero = 3
resultado = cadena + str(numero)
print("Resultado:", resultado)
```

Ejercicio 3: Errores de Índice

Descripción: Encuentra y corrige los errores de índice en el siguiente código que intenta acceder a elementos de una lista.

```
mi_lista = [1, 2, 3]
elemento = mi_lista[3]
print("Elemento:", elemento)
```

Solución:

```
mi_lista = [1, 2, 3]
elemento = mi_lista[2]
print("Elemento:", elemento)
```

Ejercicio 4: Errores de Importación

Descripción: Encuentra y corrige los errores de importación en el siguiente código que intenta usar la función sqrt para calcular la raíz cuadrada.

```
import math

resultado = sqrt(25)

print("Resultado:", resultado)
```

Solución:

```
import math

resultado = math.sqrt(25)

print("Resultado:", resultado)
```

Ejercicio 5: Errores de Índice Fuera de Rango

Descripción: Encuentra y corrige los errores de índice fuera de rango en el siguiente código que intenta acceder a un elemento de una lista.

```
mi_lista = [1, 2, 3]
elemento = mi_lista[5]
print("Elemento:", elemento)
```

Solución:

```python
mi_lista = [1, 2, 3]
if len(mi_lista) > 5:
    elemento = mi_lista[5]
    print("Elemento:", elemento)
else:
    print("Índice fuera de rango.")
```

Ejercicio 6: Error de Sintaxis en una Función

Descripción: El siguiente código tiene un error de sintaxis. Encuentra y corrige el error.

```python
def calcular_promedio(numeros):

    total = 0

    for numero in numeroS

        total += numero

    promedio = total / len(numeros)

    return promedio
```

```python
numeros = [10, 20, 30, 40, 50]

promedio = calcular_promedio(numeros)

print(f"El promedio es: {promedio}")
```

Solución:

```python
def calcular_promedio(numeros):

    total = 0

    for numero in numeros:

        total += numero

    promedio = total / len(numeros)

    return promedio


numeros = [10, 20, 30, 40, 50]

promedio = calcular_promedio(numeros)

print(f"El promedio es: {promedio}")
```

Ejercicio 7: División por Cero

Descripción: Un programa que calcula la tasa de interés tiene un error de división por cero cuando la tasa es cero. Encuentra y corrige el error.

```python
def calcular_interes(monto, tasa):

    interes = (monto * tasa) / 100

    return interes




monto = 1000

tasa = 0

interes = calcular_interes(monto, tasa)

print(f"El interés es: {interes}")
```

Solución:

```python
def calcular_interes(monto, tasa):

    if tasa == 0:

        return 0  # Evitar la división por cero

    interes = (monto * tasa) / 100

    return interes
```

```
monto = 1000

tasa = 0

interes = calcular_interes(monto, tasa)

print(f"El interés es: {interes}")
```

Ejercicio 8: Error en el Orden de los Argumentos de una Función

Descripción: Un programa que calcula el área de un triángulo tiene un error en el orden de los argumentos de la función. Encuentra y corrige el error.

```
def calcular_area_triangulo(base, altura):

    area = base * altura / 2

    return area



base = 5

altura = 10

resultado = calcular_area_triangulo(altura, base)

print(f"El área del triángulo es: {resultado}")
```

Solución:

```python
def calcular_area_triangulo(base, altura):

    area = base * altura / 2

    return area



base = 5

altura = 10

resultado = calcular_area_triangulo(base, altura)  # Corregir el orden de los
argumentos

print(f"El área del triángulo es: {resultado}")
```

Ejercicio 9: Acceso Incorrecto a un Diccionario

Descripción: Un programa intenta acceder a una clave inexistente en un diccionario.
Encuentra y corrige el error.

```python
mi_diccionario = {"nombre": "Juan", "edad": 30}
direccion = mi_diccionario["direccion"]
print(f"La dirección es: {direccion}")
```

```python
Solución:mi_diccionario = {"nombre": "Juan", "edad": 30}
```

```python
if "direccion" in mi_diccionario:  # Verificar si la clave existe en el
diccionario
    direccion = mi_diccionario["direccion"]
    print(f"La dirección es: {direccion}")
else:
    print("La clave 'direccion' no existe en el diccionario.")
```

Ejercicio 10: Uso Incorrecto de Paréntesis

Descripción: Un programa que calcula el área de un rectángulo tiene un uso incorrecto de paréntesis, lo que genera un error de cálculo.

```python
base = 5
altura = 10
area = (base * altura / 2
print(f"El área del rectángulo es: {area}")
```

Solución:

```python
base = 5
altura = 10
area = (base * altura) / 2  # Corregir el uso de paréntesis
print(f"El área del rectángulo es: {area}")
```

Ejercicios con Librería Pandas

Ejercicio 1: Cargar y Explorar un Conjunto de Datos

Descripción: Carga un conjunto de datos CSV llamado "ventas.csv" y muestra las primeras 5 filas para explorar su contenido.

Solución:

```
import pandas as pd

# Cargar el conjunto de datos
df = pd.read_csv("ventas.csv")

# Mostrar las primeras 5 filas
print(df.head())
```

Ejercicio 2: Filtrar y Seleccionar Datos

Descripción: Filtra el conjunto de datos para mostrar solo las ventas con un monto mayor a $1000 y muestra solo las columnas "Fecha" y "Monto".

Solución:

```python
import pandas as pd

# Cargar el conjunto de datos
df = pd.read_csv("ventas.csv")

# Filtrar y seleccionar datos
ventas_filtradas = df[df["Monto"] > 1000][["Fecha", "Monto"]]
print(ventas_filtradas)
```

Ejercicio 3: Agrupar y Calcular Estadísticas

Descripción: Agrupa el conjunto de datos por el campo "Producto" y calcula el promedio de las ventas para cada producto.

Solución:

```python
import pandas as pd

# Cargar el conjunto de datos
df = pd.read_csv("ventas.csv")

# Agrupar y calcular estadísticas
ventas_por_producto = df.groupby("Producto")["Monto"].mean()
print(ventas_por_producto)
```

Ejercicio 4: Lidiar con Valores Faltantes

Descripción: Encuentra y maneja los valores faltantes en el conjunto de datos, reemplazándolos con el promedio de la columna "Monto".

Solución:

```
import pandas as pd

# Cargar el conjunto de datos
df = pd.read_csv("ventas.csv")

# Lidiar con valores faltantes
promedio_monto = df["Monto"].mean()
df["Monto"].fillna(promedio_monto, inplace=True)
```

Ejercicio 5: Fusionar Dos Conjuntos de Datos

Descripción: Carga dos conjuntos de datos "ventas1.csv" y "ventas2.csv" y fusiona los datos en un solo DataFrame.

Solución:

```
import pandas as pd

# Cargar los conjuntos de datos
df1 = pd.read_csv("ventas1.csv")
df2 = pd.read_csv("ventas2.csv")
```

```
# Fusionar los datos
df = pd.concat([df1, df2], ignore_index=True)
```

Ejercicio 6: Visualización de Datos

Descripción: Utiliza la biblioteca Matplotlib para crear un gráfico de barras que muestre las ventas totales por producto.

Solución:

```python
import pandas as pd
import matplotlib.pyplot as plt

# Cargar el conjunto de datos
df = pd.read_csv("ventas.csv")

# Calcular las ventas totales por producto
ventas_totales = df.groupby("Producto")["Monto"].sum()


# Crear un gráfico de barras
plt.bar(ventas_totales.index, ventas_totales.values)
plt.xlabel("Producto")
plt.ylabel("Ventas Totales")
plt.xticks(rotation=45)
plt.show()
```

Ejercicio 7: Exportar Datos a CSV

Descripción: Exporta el DataFrame resultante al archivo "ventas_procesadas.csv" en formato CSV.

Solución:

```
import pandas as pd

# Cargar, procesar y fusionar los conjuntos de datos (según sea necesario)

# Exportar los datos procesados a CSV
df.to_csv("ventas_procesadas.csv", index=False)
```

Ejercicio 8: Realizar una Consulta SQL en Pandas

Descripción: Utiliza la función pd.read_sql_query() para ejecutar una consulta SQL en una base de datos SQLite y cargar los resultados en un DataFrame.

Solución:

```
import pandas as pd
```

```python
import sqlite3

# Conectar a la base de datos SQLite
conn = sqlite3.connect("mi_base_de_datos.db")

# Ejecutar una consulta SQL y cargar los resultados en un DataFrame
consulta = "SELECT * FROM ventas WHERE Monto > 1000"
df = pd.read_sql_query(consulta, conn)

# Cerrar la conexión a la base de datos
conn.close()
```

Ejercicio 9: Realizar un Análisis de Series Temporales

Descripción: Carga un conjunto de datos que contiene una columna de fechas y realiza un análisis de series temporales para calcular la media móvil de las ventas.

Solución:

```python
import pandas as pd
import matplotlib.pyplot as plt

# Cargar el conjunto de datos
df = pd.read_csv("ventas_series_temporales.csv")

# Convertir la columna de fechas en formato datetime
df["Fecha"] = pd.to_datetime(df["Fecha"])

# Establecer la fecha como índice
df.set_index("Fecha", inplace=True)
```

```python
# Calcular la media móvil de 30 días
media_movil = df["Monto"].rolling(window=30).mean()


# Crear un gráfico de la serie temporal y la media móvil
plt.plot(df.index, df["Monto"], label="Ventas")
plt.plot(df.index, media_movil, label="Media Móvil")
plt.xlabel("Fecha")
plt.ylabel("Monto")
plt.legend()
plt.show()
```

Ejercicio 10: Realizar un Análisis de Datos Geoespaciales

Descripción: Carga un conjunto de datos que incluye información geoespacial y utiliza la biblioteca Geopandas para crear un mapa que muestre la ubicación de las ventas.

Solución:

```python
import pandas as pd
import geopandas as gpd
import matplotlib.pyplot as plt


# Cargar el conjunto de datos con información geoespacial
gdf = gpd.read_file("ventas_geoespaciales.shp")


# Crear un mapa que muestre la ubicación de las ventas
gdf.plot()
plt.title("Ubicación de las Ventas")
plt.axis("off")
plt.show()
```

Ejercicios de Librería Matplotlib

Ejercicio 1: Crear un Gráfico de Barras

Descripción: Utiliza Matplotlib para crear un gráfico de barras que muestre las ventas totales por producto.

Solución:

```python
import matplotlib.pyplot as plt

# Datos de ejemplo
productos = ["Producto A", "Producto B", "Producto C", "Producto D"]
ventas = [1000, 2500, 800, 3500]

# Crear un gráfico de barras
plt.bar(productos, ventas)
plt.xlabel("Productos")
plt.ylabel("Ventas")
plt.title("Ventas por Producto")
plt.show()
```

Ejercicio 2: Crear un Gráfico de Líneas

Descripción: Utiliza Matplotlib para crear un gráfico de líneas que muestre la evolución de las ventas a lo largo del tiempo.

Solución:

```python
import matplotlib.pyplot as plt

# Datos de ejemplo
meses = ["Ene", "Feb", "Mar", "Abr", "May"]
ventas = [1000, 1200, 800, 1500, 2000]

# Crear un gráfico de líneas
plt.plot(meses, ventas, marker='o', linestyle='-')
plt.xlabel("Meses")
plt.ylabel("Ventas")
plt.title("Evolución de Ventas Mensuales")
plt.grid(True)
plt.show()
```

Ejercicio 3: Crear un Gráfico de Pastel

Descripción: Utiliza Matplotlib para crear un gráfico de pastel que muestre la distribución de ventas por categoría de productos.

Solución:

```python
import matplotlib.pyplot as plt

# Datos de ejemplo
categorias = ["Electrónica", "Ropa", "Hogar", "Juguetes"]
ventas = [2500, 1800, 1200, 900]

# Crear un gráfico de pastel
plt.pie(ventas, labels=categorias, autopct='%1.1f%%')
plt.title("Distribución de Ventas por Categoría")
plt.show()
```

Ejercicio 4: Crear un Histograma

Descripción: Utiliza Matplotlib para crear un histograma que muestre la distribución de edades de un grupo de personas.

Solución:

```python
import matplotlib.pyplot as plt

# Datos de ejemplo
edades = [25, 30, 35, 40, 45, 50, 55, 60, 65, 70, 75, 80, 85]

# Crear un histograma
```

```
plt.hist(edades, bins=5, edgecolor='black')
plt.xlabel("Edades")
plt.ylabel("Frecuencia")
plt.title("Distribución de Edades")
plt.show()
```

Ejercicio 5: Crear un Gráfico de Dispersión

Descripción: Utiliza Matplotlib para crear un gráfico de dispersión que muestre la relación entre la edad y el ingreso de un grupo de personas.

Solución:

```
import matplotlib.pyplot as plt

# Datos de ejemplo
edades = [25, 30, 35, 40, 45, 50, 55, 60, 65, 70, 75, 80, 85]
ingresos = [30000, 40000, 45000, 55000, 60000, 65000, 70000, 75000, 80000,
85000, 90000, 95000, 100000]

# Crear un gráfico de dispersión
plt.scatter(edades, ingresos)
plt.xlabel("Edad")
plt.ylabel("Ingreso")
plt.title("Relación entre Edad e Ingreso")
plt.grid(True)
plt.show()
```

Ejercicio 6: Crear un Boxplot

Descripción: Utiliza Matplotlib para crear un boxplot que muestre la distribución de los salarios de un grupo de empleados.

Solución:

```python
import matplotlib.pyplot as plt

# Datos de ejemplo
salarios = [30000, 40000, 45000, 55000, 60000, 65000, 70000, 75000, 80000,
85000, 90000, 95000, 100000]

# Crear un boxplot
plt.boxplot(salarios)
plt.ylabel("Salario")
plt.title("Distribución de Salarios")
plt.show()
```

Ejercicio 7: Crear un Gráfico 3D

Descripción: Utiliza Matplotlib para crear un gráfico 3D que muestre la relación entre dos variables y el tiempo.

Solución:

```python
import matplotlib.pyplot as plt
from mpl_toolkits.mplot3d import Axes3D

# Datos de ejemplo
tiempo = [1, 2, 3, 4, 5, 6, 7, 8, 9, 10]
variable1 = [10, 15, 20, 25, 30, 35, 40, 45, 50, 55]
variable2 = [5, 8, 12, 16, 20, 25, 30, 35, 40, 45]

# Crear un gráfico 3D
fig = plt.figure()
ax = fig.add_subplot(111, projection='3d')
ax.scatter(tiempo, variable1, variable2)
ax.set_xlabel("Tiempo")
ax.set_ylabel("Variable 1")
ax.set_zlabel("Variable 2")
ax.set_title("Relación 3D entre Variables y Tiempo")
plt.show()
```

Ejercicio 8: Crear un Mapa de Calor

Descripción: Utiliza Matplotlib para crear un mapa de calor que muestre la correlación entre diferentes variables.

Solución:

```python
import matplotlib.pyplot as plt
import numpy as np

# Datos de ejemplo (matriz de correlación)
correlacion = np.array([[1.0, 0.8, 0.6],
                        [0.8, 1.0, 0.4],
                        [0.6, 0.4, 1.0]])

# Crear un mapa de calor
plt.imshow(correlacion, cmap='coolwarm', interpolation='nearest')
plt.colorbar()
plt.title("Mapa de Calor de Correlación")
plt.show()
```

Ejercicio 9: Crear un Gráfico de Velas (Candlestick)

Descripción: Utiliza Matplotlib para crear un gráfico de velas que muestre la evolución de los precios de una acción en bolsa.

Solución:

```python
import matplotlib.pyplot as plt
from mplfinance.original_flavor import candlestick_ohlc
import pandas as pd

# Datos de ejemplo (precios de acciones en formato OHLC)
data = pd.read_csv("acciones.csv", parse_dates=True, index_col=0)

# Crear un gráfico de velas
fig, ax = plt.subplots()
candlestick_ohlc(ax, data.values, width=0.6, colorup='g', colordown='r')
ax.set_xlabel("Fecha")
ax.set_ylabel("Precio")
ax.set_title("Gráfico de Velas de Precios de Acciones")
plt.xticks(rotation=45)
plt.show()
```

Ejercicio 10: Crear un Gráfico de Mapa de Calor Geoespacial

Descripción: Utiliza Matplotlib para crear un gráfico de mapa de calor geoespacial que muestre la densidad de población en diferentes áreas geográficas.

Solución:

```python
import matplotlib.pyplot as plt
import geopandas as gpd

# Datos de ejemplo (conjunto de datos geoespacial)
gdf = gpd.read_file("densidad_poblacion.shp")

# Crear un mapa de calor geoespacial
gdf.plot(column="densidad_poblacion", cmap='YlOrRd', legend=True)
plt.title("Mapa de Calor Geoespacial de Densidad de Población")
plt.axis("off")
plt.show()
```